GRANDES RECETAS CON FIDEOS

EDIMAT Libros

www.edimat.es

Contenido

Introducción

Los fideos son una comida rápida y
original. Su historia se remonta a miles de
años y son adorados en todo el mundo.
Pero este libro se concentra básicamente en
el plato de fideos de Asia.

Al contrario de la pasta italiana, que se
produce casi exclusivamente de trigo, los
fideos asiáticos se pueden hacer de una
variedad de granos, incluido el trigo
sarraceno y el arroz, y generalmente son
enriquecidos con huevos. También pueden
ser de origen vegetal: los fideos de celofán
están hechos de judía mung, y habas de
soja, garbanzos e incluso las algas son sólo
algunas de las fuentes de procedencia de los
cientos de diferentes tipos de variedades de
los que ahora se disponen.

Tanto para las comidas diarias, como para
divertirse, los fideos son una excelente
elección. Combinan con todo tipo de
verduras, pescado, aves y carne y absorben
fácilmente cualquier sabor que se le añada,
tanto suave, oloroso, dulce, agrio, salado o
picante. Perfectos para los más rápidos
rehogados, también sirven para hacer
excelentes sopas, que pueden ser ligeras y
delicadas o copiosos platos principales, con
el caldo sirviendo para mojar el plato.

Los platos de fideos nos proporcionan la
oportunidad ideal para experimentar y
familiarizarnos con una amplia variedad de
ingredientes orientales y descubrir un
maravilloso mundo de sabores.

Tipos de fideos

La variedad de fideos asiáticos, tanto frescos como secos, es amplia.

Fideos de celofán

Algunas veces se venden como fideos transparentes, fideos de cristal o fideos de semilla de hilo. Estos fideos delgados, claros y brillantes están generalmente hechos de harina de semilla de mung. Los de tipo seco se ponen en remojo en agua caliente antes de ser cocinados. A diferencia de algunos fideos orientales, los fideos de celofán pueden ser recalentados sin ningún problema después de ser cocinados y son un ingrediente ideal para rehogar.

Fideos de celofán

Fideos de huevo

Disponibles en madejas o manojos, estos fideos son de uso extendido en Asia, y varían desde las hebras muy delgadas (vermicelli) hasta las cintas gruesas. Están hechos de trigo al que se le añade huevo, que le da el característico color amarillo. Los fideos de huevo japoneses o *ramen*, normalmente se venden en rollos o bloques. Son los más parecidos en textura y sabor a la pasta italiana.

Fideos de huevo

Fideos de arroz

De harina de arroz y agua, la versión seca viene en hebras largas de distinto espesor, variando desde fideos finos, a cintas y láminas anchas, vendiéndose en manojos delgados. También se pueden encontrar fideos de arroz frescos. Enjuague los fideos de arroz en agua templada y séquelos antes de usarlos. En China se sirven tradicionalmente en las fiestas de cumpleaños; cuanto más largas son las hebras, más propicio es el presagio para una vida larga y saludable.

Fideos de arroz

Fideos de arroz japoneses

Vermicelli de arroz

Delgados, blancos y quebradizos, se venden en manojos grandes. Cuando se remojan y se secan antes, se cocinan casi al instante en líquido caliente. Pequeñas cantidades de arroz también pueden freírse en una sartén honda directamente del paquete para hacer un adorno crujiente para una sopa o un plato con salsa.

Vermicelli de arroz

Fideos soba

Estos fideos japoneses están hechos de harina de trigo sarraceno (o de una mezcla de harina de trigo sarraceno y harina de trigo) *Fideos soba* y tradicionalmente se cuecen a fuego lento. Delgados y de color pardo, sabrosos y ligeramente correosos, se pueden servir calientes o fríos, con algún aderezo y alguna salsa. También hay una variedad de color verde oscuro llamada cha-soba (té verde), que está hecha de harina de trigo sarraceno y té verde.

Fideos soba verdes

Fideos somen

Estos delicados fideos blancos están hechos de harina de trigo. Como los vermicelli, se hacen muy rápido en agua hirviendo. Los fideos somen se venden secos, normalmente atados en manojos sujetos con una tira de papel. Son ideales en sopas y platos únicos y generalmente se sirven fríos como plato de verano.

Fideos somen

Fideos udon

Gruesos y con fécula, estos populares y versátiles fideos japoneses son parecidos a la pasta italiana y se pueden sustituir por tallarines. Hechos de harina de trigo y agua, por lo general son redondos y son más sustanciosos que los fideos somen. Una versión seca integral está disponible en algunas tiendas de alimentos naturistas. Los fideos udon también se venden frescos en paquetes cerrados al vacío o precocinados. Normalmente se sirven en sopas calientes, como la Cazuela de udon. También son muy usados en platos de carne y verduras mezcladas.

Fideos udon

Fideos instantáneos

Los paquetes de fideos de huevo precocinados son conocidos en Occidente. Vienen en una gran variedad de sabores, tales como pollo, gambas y ternera y son un buen recurso cuando se dispone de poco tiempo.

Fideos instantáneos

7

Técnicas

Cómo conservar fideos

Guarde los fideos secos en su paquete en un recipiente hermético, en un lugar fresco y seco. Se mantendrán frescos muchos meses. Los fideos frescos (disponibles en la sección de refrigerados en las tiendas de comida oriental) se mantienen durante varios días en la nevera si se precinta herméticamente la bolsa de plástico en la que se han comprado. Controle la fecha de caducidad. Los fideos de huevo pueden congelarse sin ningún problema.

Cómo cocinar fideos

Añada los fideos a una cacerola grande con agua hirviendo (ligeramente salada si lo desea) y cueza durante el tiempo indicado en el paquete. Al contrario de la pasta italiana, que debe dejarse un poco dura, los fideos orientales se cuecen hasta que están tiernos. Sin embargo, intente evitar que cuezan demasiado, ya que puede hacer que se apelmacen.

Cómo preparar fideos

Algunos fideos, sobre todo los de celofán y los fideos de arroz, deben ponerse en remojo en agua caliente y secarse antes de ser utilizados. Siga las instrucciones para cada receta. Los fideos que tienen que cocinarse dos veces (cocer a medias y después rehogarse o cocer a fuego lento en salsa), primero se cocinan hasta que apenas estén tiernos, después se secan, se refrescan con agua fría y se secan otra vez. Si es oportuno, pueden rociarse con un poco de aceite para que no se peguen. En este punto pueden guardarse en un recipiente hermético en la nevera durante varios días.

Cómo freír fideos

Los fideos secos a veces se fríen para adornar o para hacer un pastel de fideos. En este caso, no precocine los fideos.

Técnicas para rehogar

Tenga los ingredientes necesarios
preparados antes de cocinar.

1 Caliente un wok vacío a fuego fuerte.
Esto previene que los alimentos se peguen y
asegura un calor uniforme. Añada el aceite
y dé vueltas para que se cubra la base y la
mitad de las paredes del wok caliente.

2 Añada los ingredientes, empezando por
los aromáticos (ajo, jengibre, cebollino).
Es importante que el aceite esté bastante
caliente para que cuando se añadan los
ingredientes empiecen a cocinarse
inmediatamente, pero no espere hasta que
el aceite esté tan caliente que casi salga
humo o los ingredientes aromáticos se
quemarán y pasarán a ser más fuertes.
Remueva los ingredientes aromáticos en
el aceite durante unos segundos.

3 Ahora, añada los ingredientes
principales que requieren mayor tiempo
de cocción, tales como verdura gruesa,
carne, seguido de los elementos que se
cocinan más rápidamente. Sacuda y dé
vueltas a los ingredientes desde el centro
del wok a los lados.

Cómo hacer caldo de pollo

El caldo de pollo casero significa un
abismo para la sopa de fideos.

1 Ponga alrededor de 1,6 kg/3 ½ in de
huesos de pollo con carne en una olla
grande, añada 13 tazas de agua y lleve a
ebullición, quitando cualquier espuma,
añada dos rodajas de raíz de jengibre fresco,
dos dientes de ajo, dos tallos de apio,
cuatro cebolletas, un manojo de cilantro
fresco y aproximadamente 10 granos de
pimienta machacados.

2 Baje el fuego y deje que el caldo cueza
a fuego lento de 2-2 ½ h. Aparte
del fuego y deje enfriar, destapado y sin
interrupciones. Cuele en un cuenco
limpio, retirando después los últimos posos
ya que éstos tienden a enturbiar la sopa.
Use el caldo que necesite, quitando la
grasa que se congele en la superficie.

Fideos blandos fritos

Plato básico para servir como acompañamiento o como una comida ligera.

4-6 personas

INGREDIENTES
350 g/12 oz de fideos de huevo secos
2 cucharadas de aceite vegetal
2 cucharadas de cebolletas, picadas finas
salsa de soja, para sazonar
sal y pimienta negra recién molida

1 Cueza los fideos en una cacerola con agua hirviendo hasta que estén tiernos, siguiendo las instrucciones del paquete. Séquelos, aclárelos bajo el chorro de agua fría y después séquelos otra vez minuciosamente.

2 Caliente el aceite en un wok o sartén y dé vueltas. Añada la cebolleta picada y fría durante 30 s. Añada los fideos, removiendo con cuidado para separar las hebras.

3 Baje el fuego y fría los fideos hasta que estén completamente calientes, ligeramente dorados y crujientes por fuera pero tiernos por dentro. Sazone con salsa de soja, sal y pimienta. Sirva inmediatamente.

*Derecha: Fideos blandos fritos (arriba);
Fideos de huevo fritos*

Fideos de huevo fritos

La salsa de judías amarillas da a estos fideos un sabroso sabor.

4-6 personas

INGREDIENTES
4 cucharadas de aceite vegetal
4 cebolletas, cortadas en rodajas de 1 cm/ ½ in
350 g/12 oz de fideos de huevo de grosor
    mediano cocidos hasta que estén tiernos
el zumo de 1 lima
1 cucharada de salsa de soja
2 dientes de ajo, picados finos
175 g/6 oz de pechuga de pollo, en láminas
175 g/6 oz de gambas crudas, peladas y sin
    venas
175 g/6 oz de calamares, limpios y en anillas
1 cucharada de salsa de judías amarillas y otra
    de pescado tailandesa (*nam pla*)
1 cucharada de azúcar moreno ligero
2 huevos, hojas de cilantro fresco (de adorno)

1 Caliente la mitad del aceite en un wok o sartén grande. Añada la cebolleta, rehogue durante 2 min, después añada los fideos, el zumo de lima y la salsa de soja y rehogue durante 2-3 min. Pase los ingredientes a un cuenco y reserve caliente.

2 Caliente el resto del aceite y rehogue el ajo, el pollo, las gambas y los calamares a fuego fuerte hasta que esté cocido. Mezcle la salsa de judías amarillas, la salsa de pescado y el azúcar, después rompa los huevos, removiendo hasta que esté listo. Añada los fideos y caliente bien. Adorne con cilantro.

Chow Mein especial

Lap cheong, una deliciosa salchicha china secada al aire disponible en la mayoría de supermercados chinos, realza el sabor de este clásico plato de fideos.

4-6 personas

INGREDIENTES
450 g/1 lb de fideos de huevo
3 cucharadas de aceite vegetal
2 dientes de ajo, cortados en láminas
1 cucharadita de raíz de jengibre fresca picada
1 chile rojo, sin pepitas y picado
2 *lap cheong*, de aprox. 75 g/3 oz, lavadas y
  cortadas en rodajas, o jamón o salami
  cortado en dados
1 pechuga de pollo sin hueso, cortada en
  láminas finas
16 gambas tigre crudas, dejando las colas y sin
  venas
¾ de taza de judías verdes
1 taza de brotes de soja
50 g/2 oz de cebollinos de ajo
2 cucharadas de salsa de soja
1 cucharada de salsa de ostras
1 cucharada de aceite de sésamo
sal y pimienta negra recién molida
2 cebolletas, picadas y 1 cucharada de hojas de
  cilantro, para adornar

1 Cueza los fideos en una cacerola con agua hirviendo, siguiendo las instrucciones del paquete, hasta justo antes de que se pongan tiernos. Escurra bien y deje a un lado.

> CONSEJOS: El cebollino de ajo
> o cebollino chino tiene hojas más
> grandes que el cebollino normal
> y tiene un suave sabor a ajo.

2 Caliente 1 cucharada de aceite en un wok o sartén grande y fría el ajo, el jengibre y el chile. Añada la *lap cheong* (o jamón o salami), el pollo, las gambas y las judías verdes. Rehogue durante 2 min a fuego fuerte o hasta que el pollo y las gambas estén hechos. Pase la mezcla a un cuenco y deje a un lado.

3 Caliente el aceite que queda en el mismo wok. Añada los brotes de soja y los ajetes. Rehogue durante 1-2 min.

4 Añada los fideos, mezcle y remueva. Sazone con la salsa de soja, la salsa de ostras, sal y pimienta.

5 Vuelva a echar la mezcla de gambas al wok. Recaliente y mezcle bien con los fideos. Remueva con el aceite de sésamo. Sirva adornado con cebolletas y hojas de cilantro.

Fideos tailandeses fritos

Este plato de fideos rehogados, hecho con fideos de arroz, está considerado uno de los platos nacionales tailandeses y tiene un fascinante sabor y textura.

4-6 personas

INGREDIENTES
350 g/12 oz de fideos de arroz
3 cucharadas de aceite vegetal
1 cucharada de ajo picado
16 langostinos crudos, pelados, dejando la cola y sin venas
2 huevos, ligeramente batidos
1 cucharada de camarones secos, lavados
2 cucharadas de *mooli* en conserva
50 g/2 oz de tofú, cortado en trocitos pequeños
½ cucharadita de chile en escamas
115 g/4 oz de cebollino de ajo cortado en tiras de 5 cm/2 in
1 taza de brotes de soja
½ taza de cacahuetes tostados y picados
1 cucharadita de azúcar granulado
1 cucharada de salsa de soja oscura
2 cucharadas de salsa de pescado tailandesa
2 cucharadas de zumo de tamarindo
2 cucharadas de hojas de cilantro y rodajas de lima *kaffir*, para adornar

1 Ponga en remojo los fideos en agua templada 20 min. Escurra y deje a un lado. Caliente 1 cucharada de aceite en un wok o sartén grande. Añada el ajo y rehogue hasta que se dore. Eche las gambas y rehogue 1-2 min. Aparte del wok y deje a un lado.

2 Caliente 1 cucharada de aceite en el wok. Añada los huevos y vuelque el wok para que se forme una lámina fina.

Remueva para que los huevos queden revueltos y rompa los huevos en trozos pequeños. Retire del wok y deje a un lado con las gambas.

3 Caliente el aceite restante en el wok. Añada los camarones secos, el rábano en conserva, el tofú y los chiles secos. Remueva con cuidado. Añada los fideos en remojo y rehogue durante 5 min.

4 Añada el cebollino de ajo, la mitad de los brotes de soja y la mitad de los cacahuetes. Sazone con el azúcar, la salsa de soja, la salsa de pescado y el zumo de tamarindo. Mezcle bien y cueza hasta que los fideos estén calientes del todo.

CONSEJOS: Los camarones secos son camarones pequeños pelados que han sido salados y secados al sol. Tienen un fuerte sabor a pescado y se usan para sazonar platos orientales.

5 Vuelva a echar la mezcla de gambas y huevos al wok y mezcle con los fideos. Sirva adornando con el resto de los brotes de soja y los cacahuetes, las hojas de cilantro y las rodajas de lima.

Fideos a los cinco sabores

A pesar de su nombre, éste es un plato versátil y puede añadir tantos
ingredientes distintos como desee para hacer un rehogado excitante y sabroso.

4 personas

INGREDIENTES
300 g/11 oz de fideos de huevo secos finos
    o 500 g/1 ½ lb de fideos soba frescos
200 g/7 oz de magro de cerdo sin hueso
4 ½ cucharaditas de aceite de girasol
10 g/¼ oz de raíz de jengibre fresca y rallada
1 diente de ajo machacado
1 ½ taza de col verde picada
½ taza de brotes de soja
1 pimiento verde, sin pepitas y cortado
    en tiras finas
1 pimiento rojo, sin pepitas y cortado
    en tiras finas
sal y pimienta negra recién molida
4 cucharadas de algas *ao-nori*
    para adornar (opcional)

PARA ALIÑAR
4 cucharadas de salsa Worcestershire
1 cucharada de salsa de soja
1 cucharada de salsa de ostras
1 cucharada de azúcar
½ cucharadita de sal
pimienta negra recién molida

1 Cueza los fideos, siguiendo las
instrucciones del paquete justo hasta que
estén tiernos. Escurra bien y deje a un
lado. Corte el cerdo en tiras de 3-4 cm/
1¼ - 1½ in y sazone con sal y pimienta.

2 Caliente 1 ½ cucharadita del aceite en
un wok o sartén grande justo hasta el
momento en que estén fritos y después
apártelos del fuego.

3 Seque el wok con papel de cocina y
caliente el resto del aceite en él. Añada el
jengibre, el ajo y la col y rehogue durante
1 min.

4 Añada los brotes de soja, remueva hasta
que estén tiernos, después añada las tiras
de pimiento rojo y verde y rehogue
la mezcla durante 1 minuto más.

5 Vuelva a echar el cerdo a la sartén y añada los fideos. Eche todos los ingredientes del aliño y rehogue durante 2 o 3 min. Sirva inmediatamente, rociado con las algas *ao-nori*, si se usan.

CONSEJOS: *Ao-nori* es un alga verde seca escamada, disponible en supermercados de comida oriental.

Fideos de arroz rehogados con pollo y gambas

El marisco tiene una afinidad natural con la carne y las aves. Esta receta de estilo tailandés tiene el característico sabor dulce, amargo y salado.

4 personas

INGREDIENTES
225 g/8 oz de fideos de arroz secos planos
½ taza de agua
4 cucharadas de salsa de pescado tailandesa (*nam pla*)
1 cucharada de azúcar, de zumo de lima
un pellizco de pimienta de cayena
3 cucharadas de aceite y 1 cucharadita de páprika
2 dientes de ajo picados finos
1 pechuga de pollo, sin piel ni huesos, cortada en láminas finas
8 gambas crudas, peladas, sin venas y cortadas por la mitad
1 huevo
½ taza de cacahuetes tostados molidos
3 cebolletas cortadas en trozos pequeños
¾ de taza de brotes de soja
hojas de cilantro frescas y 1 lima cortada en rodajas, para adornar

1 Ponga los fideos en un cuenco, cubra con agua templada y déjelos en remojo durante 30 min. Escurra. Mezcle el agua, la salsa de pescado, el azúcar, el zumo de lima, la páprika y la cayena en un cuenco. Deje a un lado.

2 Caliente el aceite en un wok. Fría el ajo durante 30 s. Añada el pollo y las gambas. Rehogue durante 3-4 min.

3 Aparte la mezcla de pollo y las gambas a los lados del wok. Casque el huevo en el centro, después remueva rápidamente para romper la yema y cueza a fuego medio hasta que el huevo esté ligeramente revuelto.

4 Añada los fideos escurridos y la salsa de pescado a la mezcla del wok. Mezcle todo bien. Añada la mitad de los cacahuetes tostados, y fría, removiendo frecuentemente, hasta que los fideos estén blandos y la mitad del líquido se haya absorbido.

5 Añada la cebolleta y la mitad de los brotes de soja. Cueza, removiendo durante 1 minuto más. Échelos en una fuente. Espolvoree el resto de cacahuetes y brotes de soja. Adorne con el cilantro y las rodajas de lima y sirva.

CONSEJOS: La salsa de pescado tailandesa o *nam-pla* está hecha de anchoas. Está mejor recién hecha así que evite la salsa que tenga un color marrón oscuro.

19

Gambas a la hierba de limón sobre pastel de fideos crujientes

Una salsa cremosa con una puntita de chiles picantes cubre estas gambas.

4 personas

INGREDIENTES
300 g/11 oz de fideos de huevos finos
4 cucharadas de aceite vegetal
500 g/1 ¼ lb de langostinos crudos medianos, pelados y sin venas
½ cucharadita de cilantro molido
1 cucharada de cúrcuma molida
2 dientes de ajo, picados finos
2 rodajas de raíz de jengibre fresco picadas
2 tallos de hierba de limón, picados finos
2 chalotas, picadas finas
1 cucharada de puré de tomate
1 taza de crema de coco
1-2 cucharadas de zumo de lima exprimido y de salsa de pescado tailandesa (*nam-pla*)
4-6 hojas de lima *kaffir* (opcional)
1 pepino, pelado, sin pepitas y cortado en bastoncitos de 5 cm/2 in
1 tomate, sin pepitas y cortado en tiras
2 chiles rojos, sin pepitas y cortados en tiras
sal y pimienta negra recién molida
2 cebolletas, en rodajas finas y algunas ramitas de cilantro fresco, para adornar

1 Cueza los fideos de huevo en una cacerola con agua hirviendo hasta el momento en que estén tiernos. Escurra, lave con agua fría y escurra bien. Caliente 1 cucharada del aceite en una sartén grande. Añada los fideos, cubriéndolos uniformemente y fría durante 4-5 min hasta que estén crujientes y dorados.

2 Dé la vuelta al pastel de fideos y fría por el otro lado. También se pueden hacer 4 pasteles individuales. Reserve caliente.

3 En un cuenco, mezcle los langostinos con el cilantro molido, la cúrcuma, el ajo, el jengibre y la hierba de limón. Añada sal y pimienta para sazonar.

4 Caliente el aceite restante en una sartén grande. Añada las chalotas picadas, fríalas durante 1 min, después añada los langostinos y fríalos durante 2 min más. Con una espumadera remueva las gambas de la sartén.

5 Remueva el puré de tomate y la crema de coco con la crema que queda en la sartén. Eche el zumo de lima y la salsa de pescado para sazonar. Hierva la salsa a fuego lento, vuelva a echar las gambas, después añada las hojas de lima *kaffir*, si se usan, y el pepino. Cueza a fuego lento hasta que las gambas estén cocidas y la salsa se reduzca a una consistencia fina.

6 Añada el tomate, remueva justo hasta que todo esté caliente, después añada los chiles. Sirva por encima del pastel de fideos, adornando con cebolletas en rodajas finas y ramitas de cilantro.

Vermicelli al estilo de Singapur

Sencillos y de preparación rápida, este plato de fideos de arroz ligeros y picantes es una completa y saciante comida en un solo plato.

4 personas

INGREDIENTES
225 g/8 oz de vermicelli de arroz secos
1 cucharada de aceite vegetal
1 huevo, ligeramente batido
2 dientes de ajo, picados finos
2 chiles rojos o verdes grandes, sin pepitas y
    picados finos
1 cucharada de curry en polvo
1 pimiento rojo y otro verde, sin pepitas y
    cortado en láminas finas
1 zanahoria, cortada en bastoncitos
¼ cucharadita de sal
4 cucharadas de caldo vegetal
115 g/4 oz de gambas descongeladas, peladas y
    cocidas
75 g/3 oz de jamón magro, cortado en dados de
    1 cm/ ½ in
1 cucharada de salsa de soja ligera

2 Caliente 1 cucharadita del aceite en una sartén antiadherente o wok. Añada el huevo y remuévalo hasta que esté cuajado. Aparte el huevo con una espumadera. Limpie la sartén con papel de cocina.

3 Caliente el aceite restante en la sartén. Rehogue el ajo y los chiles durante unos pocos segundos, después remueva dentro el curry en polvo. Fría 1 min, removiendo, después añada las verduras y el caldo.

1 Ponga en remojo los vermicelli en un cuenco con agua hirviendo durante 4 min o siguiendo las instrucciones del paquete. Escúrralos bien y apártelos.

4 Hierva. Añada las gambas, el jamón, los huevos revueltos, los vermicelli de arroz y la salsa de soja. Mezcle bien. Cueza, removiendo, hasta que se haya absorbido todo el líquido y la mezcla esté caliente. Sirva.

Cazuela de barro de chile, calamares y fideos

Los fideos ligeros y de textura suave, los suculentos calamares y una mezcla de verduras frescas se complementan perfectamente con esta salsa picante.

4 personas

INGREDIENTES
675 g/1½ lb de calamares
2 cucharadas de aceite de oliva
3 rodajas de raíz de jengibre fresco, picadas
2 dientes de ajo, picados finos
1 cebolla roja, en láminas finas
1 zanahoria, en rodajas finas
1 rama de apio en rodajas diagonales
50 g/2 oz de guisantes con vainas, sin
    extremos y pelados
1 cucharadita de azúcar
1 cucharada de pasta de chile
½ cucharadita de chile en polvo
75 g/3 oz de fideos de celofán, puestos en
    remojo en agua caliente hasta que estén
    blandos
½ taza de caldo de pollo o agua
1 cucharada de salsa de soja
1 cucharada de salsa de ostras
1 cucharadita de aceite de sésamo
una pizca de sal y hojas de cilantro fresco,
    para adornar

1 Prepare los calamares. Cogiendo el cuerpo con una mano, con cuidado quite las cabezas y los tentáculos. Tire la cabeza; corte y reserve los tentáculos. Quite la capa transparente de dentro del cuerpo del calamar. Quite la piel marrón de la parte de fuera del cuerpo.

2 Frote con un poco de sal la parte de dentro del calamar y lave a fondo bajo el chorro de agua fría. Corte el cuerpo del calamar en anillas o ábralo a lo largo, marque rayas entrecruzadas por dentro del cuerpo y corte en trozos de 5 x 4 cm/2 x 1 ½ in.

3 Caliente el aceite en una cazuela de barro grande o una cacerola resistente al fuego. Añada el jengibre picado, el ajo, la cebolla y fría durante 1-2 min. Añada el calamar, la zanahoria, el apio y los guisantes con vainas. Fría hasta que el calamar se enrolle. Sazone con sal y azúcar y revuelva con la pasta de chile y el polvo de chile. Pase la mezcla a un cuenco y deje aparte.

4 Escurra los fideos remojados y añádalos a la cazuela de barro o cacerola. Eche el caldo o agua, la salsa de soja y las ostras. Tape y cueza a fuego medio durante 10 min o hasta que los fideos estén tiernos.

5 Vuelva a echar el calamar y las verduras a la cazuela. Tape y cueza durante 5-6 min y hasta que todos los sabores se mezclen.

6 Justo antes de servir, pruebe y rectifique de sal si es necesario. Riegue con el aceite de sésamo y rocíe con las hojas de cilantro.

Vermicelli de arroz fritos y crujientes

Un laberinto crujiente de fideos con cerdo y gambas revueltos en una salsa
que combina los sabores dulce, agrio, salado y picante.

4-6 personas

INGREDIENTES
aceite para freír
175 g/6 oz de vermicelli de arroz
1 cucharada de ajo picado
4-6 chiles secos, sin pepitas y picados
2 cucharadas de chalotas picadas
1 cucharada de camarones secos, lavados
115 g/4 oz de carne de cerdo picada y de
  gambas crudas, peladas y picadas
2 cucharadas de salsa de judías marrón, 2 de
  vinagre de vino de arroz y 3 de salsa de
  pescado tailandesa (*nam-pla*)
75 g/3 oz de azúcar de palma
2 cucharadas de agua de tamarindo o zumo de
  lima
½ taza de brotes de soja

PARA ADORNAR
2 cebolletas y 2 chiles rojos, picados
2 cucharadas de hojas de cilantro frescas
2 cabezas de ajo, en vinagre
1 tortilla de 2 huevos, enrollada y en láminas

1 Caliente el aceite en un wok. Separe los
vermicelli de arroz en dos manojitos de
aprox. 7,5 cm/3 in. Fría bien en el aceite
hasta hinchar. Aparte y escurra en papel de
cocina.

2 Retire la mayor parte del aceite del wok,
dejando 2 cucharadas. Añada el ajo, los chiles,
las chalotas y los camarones secos y fría hasta
que coja olor.

3 Añada la carne de cerdo picada y
rehogue durante 3-4 min hasta que deje de
estar rosa. Añada las gambas y fría durante
otros 2 min. Quite la mezcla del wok y
deje a un lado.

4 Añada la salsa de judías marrón, el vinagre,
la salsa de pescado y el azúcar de palma al
wok. Lleve a ebullición con cuidado, remueva
para disolver el azúcar y cueza hasta que la
mezcla esté espesa y almibarada.

5 Añada el agua de tamarindo o el zumo
de lima y rectifique de sal: debería estar
dulce, agrio y salado. Reduzca el fuego.
Añada la mezcla de cerdo y gambas y los
brotes de soja a la salsa, remueva hasta que
esté bien caliente.

CONSEJOS: El ajo en vinagre y el
tamarindo se pueden encontrar en los
almacenes orientales. Para hacer el agua de
tamarindo, deje en remojo 1 cucharada de
pulpa de tamarindo en 4 cucharadas de
agua caliente 10 min, después cuele.

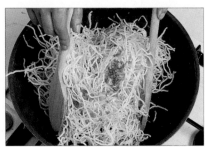

6 Añada los vermicelli de arroz y remueva con cuidado para cubrirlos con la salsa sin que los fideos se rompan demasiado. Páselo a una fuente y adorne con las cebolletas, las hojas de cilantro, el ajo en vinagre, las láminas de tortilla y los chiles rojos. Sirva inmediatamente.

Fideos de arroz con ternera y salsa de judías negras

Ésta es una deliciosa combinación: ternera con una salsa de chile picante mezclada con unos suaves fideos de arroz.

4 personas

INGREDIENTES
450 g/1 lb de fideos de arroz frescos anchos
4 cucharadas de aceite vegetal
1 cebolla, en rodajas finas
2 dientes de ajo picados finos
2 rodajas de raíz de jengibre frescos,
    picadas finas
225 g/8 oz de pimientos mezclados, sin
    pepitas y cortados en tiras
350 g/12 oz de filete de lomo, cortado en tiras
    finas en sentido contrario a las fibras
3 cucharadas de judías negras fermentadas,
    lavadas en agua templada, escurridas y
    cortadas en trozos
2 cucharadas de salsa de soja
2 cucharadas de salsa de ostras
1 cucharada de salsa de chile negra
1 cucharada de harina de maíz
½ taza de caldo o agua
2 cebolletas picadas finas y 2 chiles rojos, sin
    semillas y cortados en láminas finas, para
    adornar

1 Lave los fideos en agua caliente. Escurra bien y aparte. Caliente la mitad del aceite en un wok o sartén grande, agitándolo. Añada la cebolla, el ajo, el jengibre y los pimientos mezclados. Rehogue 3-5 min, después separe con una espumadera y mantenga caliente.

2 Añada el aceite restante al wok. Cuando esté caliente, añada la ternera en tiras y las judías negras fermentadas y rehogue a fuego fuerte durante 5 min o hasta que esté frito.

3 En un cuenco pequeño, mezcle la salsa de soja, la salsa de ostras y la salsa de chile negra con la harina de maíz y el caldo o agua hasta que no tenga grumos.

4 Añada la mezcla de harina de maíz al wok, después vuelva a echar otra vez la cebolla y el pimiento al wok y fría removiendo durante 1 min.

5 Añada los fideos y mezcle ligeramente. Fría con el fuego bajo hasta calentar. Condimente al gusto con las cebolletas y los chiles.

CONSEJOS: Las judías negras fermentadas son semillas de soja integrales conservadas en sal y en jengibre.

Fideos integrales con trucha ahumada

La ligera y crujiente textura del *pak choi* equilibra los sabores de la tierra de las setas, los fideos integrales y el gusto ahumado de la trucha.

4 personas

INGREDIENTES
350 g/12 oz de fideos integrales
2 cucharadas de aceite vegetal
115 g/4 oz de setas *chiitake*, partidas en
   cuartos
2 dientes de ajo, picados finos
1 cucharada de raíz de jengibre fresca rallada
225 g/8 oz de *pak choi*
1 cebolleta cortada en láminas finas
   diagonalmente
1 cucharada de aceite de sésamo negro
2 cucharadas de *mirin*
2 cucharadas de salsa de soja
2 truchas ahumadas, sin piel ni espinas
sal y pimienta negra recién molida
2 cucharadas de hojas de cilantro fresco y
   2 cucharaditas de semillas se sésamo,
   tostadas, para adornar

1 Cueza los fideos en una cacerola de agua hirviendo 7-10 min o justo hasta que estén tiernos, siguiendo las instrucciones del paquete.

CONSEJOS: El *mirin* es un vino de arroz dulce que tiene un sabor bastante delicado.

2 Mientras tanto, caliente el aceite en una sartén grande, añada las setas y saltéelas a fuego lento durante 3 min. Añada el ajo picado, el jengibre rallado y el *pak choi* y continúe salteando durante 2 min.

3 Escurra los fideos y añádalos a la mezcla de setas con las cebolletas, el aceite de sésamo, el *mirin* y la salsa de soja. Remueva y sazone con la sal y pimienta al gusto.

4 Parta la trucha ahumada en trozos regulares. Coloque la mezcla de fideos en platos de servir individuales. Ponga la trucha ahumada encima de los fideos. Adorne el plato con hojas de cilantro fresco y las semillas de sésamo tostadas y sirva inmediatamente.

Fideos con tomates secos y langostinos

Fuertemente asociados con la cocina Mediterránea, los tomates secos son un complemento genial a este plato de estilo Oriental.

4 personas

INGREDIENTES
350 g/12 oz de fideos somen
3 cucharadas de aceite de oliva
20 langostinos crudos, pelados y sin venas
2 dientes de ajo, picados finos
3-4 cucharadas de puré de tomates secos
sal y pimienta negra recién molida

PARA ADORNAR
un manojo de hojas de albahaca
2 cucharadas de tomates secos en aceite,
   escurridos y cortados en tiras

1 Cueza los fideos en una cacerola grande con agua hirviendo hasta que estén tiernos siguiendo las instrucciones del paquete. Escurra y deje a un lado.

2 Caliente la mitad del aceite en una sartén grande. Añada las gambas y el ajo y fría a fuego medio durante 3-5 min hasta que las gambas se pongan rosas y estén firmes al tacto.

CONSEJOS: El puré de tomates secos ya preparado se puede encontrar fácilmente, pero si lo prefiere, puede hacerlo Ud. mismo simplemente batiendo los tomates secos enlatados con su aceite.

3 Vierta 1 cucharada del puré de tomates secos y mezcle bien. Usando una espumadera, pase las gambas a un cuenco y manténgalas calientes.

4 Caliente otra vez el aceite que ha quedado en la sartén. Remueva en él el resto del aceite con el resto del puré de tomate. Puede que necesite añadir una cucharada de agua en la mezcla si está muy espesa.

5 Cuando la mezcla empieza a chisporrotear, añada los fideos y remueva. Añada sal y pimienta al gusto y vuelva a remover bien.

6 Vuelva a echar las gambas a la sartén y remueva para que se unan bien. Sirva inmediatamente, adorne con la albahaca y tiras de tomate seco.

VARIACIÓN: Pruebe mezclando dos filetes de anchoas y algunas alcaparras y añadiéndolas al puré.

Fideos con atún y tomate

Un plato riquísimo hecho con ingredientes de la despensa.

4 personas

INGREDIENTES
3 cucharadas de aceite de oliva
2 dientes de ajo, picados finos
2 chiles rojos secos, sin pepitas y picados
1 cebolla roja grande, en rodajas finas
175 g/6 oz de atún en lata, escurrido
115 g/4 oz de aceitunas negras deshuesadas
400 g/14 oz de tomates de pera en lata, en puré o 400 g/14 oz de tomates picados
2 cucharadas de perejil fresco picado
350 g/12 oz de fideos de huevo gruesos
sal y pimienta negra recién molida

1 Caliente el aceite en una sartén grande. Añada el ajo y los chiles secos y fría durante unos pocos segundos. Añada la cebolla y fría, removiendo, durante unos 5 min hasta que se ablanden.

2 Añada el atún y las aceitunas a la sartén y remueva hasta que esté bien mezclado. Eche los tomates y su jugo. Lleve a ebullición, sazone, añada el perejil, después baje el fuego y cueza a fuego lento con cuidado.

3 Mientras tanto, cueza los fideos en agua hirviendo justo hasta que estén tiernos. Escurra bien, mezcle con la salsa y sirva.

Derecha: Fideos con atún y tomates secos (arriba); Fideos con setas

Fideos con setas

Cuanto mayor sea la variedad de setas silvestres, más sabroso será este plato.

4 personas

INGREDIENTES
350 g/12 oz de fideos de huevo anchos y planos
3 cucharadas de aceite vegetal
115 g/4 oz de beicon o tocino entreverado sin corteza, cortado en trozos pequeños
225 g/8 oz de setas silvestres por la mitad
115 g/4 oz de cebollino de ajo, cortados
1 taza de brotes de soja
1 cucharada de salsa de ostras y de salsa de soja y sal y pimienta negra recién molida

1 Cueza los fideos en agua hirviendo justo hasta que estén tiernos, siguiendo las instrucciones del paquete. Escurra, lave bajo el grifo de agua fría, vuelva a escurrir y deje aparte.

2 Caliente 1 cucharada del aceite en un wok o sartén grande. Añada el beicon y fría hasta que se dore. Aparte.

3 Añada el resto del aceite al wok o sartén y fría las setas 3 min. Añada el cebollino de ajo y los brotes de soja y fría 3 min, después añada los fideos.

4 Añada con sal, pimienta, la salsa de ostras y la salsa de soja. Continúe rehogando hasta que los fideos estén calientes. Espolvoree con el beicon y sirva.

Cintas de huevo con verduras

Un plato vegetariano elegante y lleno de color.

4 personas

INGREDIENTES
1 zanahoria grande, pelada y 2 calabacines
¼ de taza de mantequilla
1 cucharada de aceite de oliva
6 setas *shiitake* frescas, cortadas en láminas
½ taza de guisantes descongelados
350 g/12 oz de cintas de huevo anchas
2 cucharadas de hiervas mezcladas, frescas y picadas (como mejorana, cebollino y albahaca)
sal y pimienta negra recién molida
25 g/1 oz de Parmesano, para servir (opcional)

1 Con un pelador de verduras, corte en tiras finas la zanahoria y los calabacines. Caliente la mantequilla y el aceite en una sartén grande. Añada las zanahorias y las setas sin dejar de remover; fría 10 min y añada los calabacines y los guisantes. Rehogue hasta que los calabacines estén cocidos pero crujientes, sazone al gusto.

2 Mientras tanto, cueza los fideos en una cacerola hasta que estén tiernos. Escurra y vuelque en un cuenco. Añada las verduras y mezcle bien. Espolvoree con las hierbas y sazone. Ralle o raspe el Parmesano por encima, si se usa. Mezcle ligeramente y sirva.

Fideos integrales con queso de cabra

El sabor de estos fideos combina bien con las hojas de oruga y de queso.

4 personas

INGREDIENTES
350 g/12 oz de fideos integrales
¼ de taza de mantequilla
2 dientes de ajo, picados finos
4 chalotas, cortadas en láminas
75 g/3 oz de avellanas, ligeramente tostadas y picadas
un manojo grande de hojas de oruga
75 g/3 oz de queso de cabra
sal y pimienta negra recién molida

1 Cueza los fideos en una cacerola grande con agua hirviendo justo hasta que estén tiernos, siguiendo las instrucciones del paquete. Escurra bien y deje aparte. Caliente la mantequilla en una sartén grande. Añada el ajo y las chalotas y fría durante 2-3 min, removiendo todo el tiempo, hasta que las chalotas estén blandas.

2 Añada las avellanas y fría 1 min. Añada las hojas de oruga y cuando éstas empiecen a marchitarse, eche los fideos removiéndolos y caliente a fondo. Sazone con sal y pimienta al gusto. Desmenuzca el queso de cabra por encima y sirva.

Derecha: Cintas de huevo con verduras (arriba); Fideos integrales con queso de cabra

Fideos con espárragos y salsa de azafrán

Este plato combina verduras de verano en una aromática crema de azafrán.

4 personas

INGREDIENTES
450 g/1 lb de espárragos tiernos
un pellizco de hebras de azafrán
2 cucharadas de mantequilla
2 chalotas picadas finas
2 cucharadas de vino blanco
1 taza de nata
la cáscara rallada y el zumo de ½ limón
1 taza de guisantes
350 g/12 oz de fideos somen
½ manojo de perifollo fresco, picado
sal y pimienta negra recién molida
queso Parmesano rallado, para servir
   (opcional)

1 Corte las puntas de los espárragos (unos 5 cm/2 in), después corte la otra parte de los espárragos en rodajas. Ponga el azafrán en una taza con 1 cucharada de agua hirviendo. Deje que se impregne bien.

2 Derrita la mantequilla en una cacerola, añada las chalotas y fría a fuego bajo durante 3 min hasta que estén blandas. Añada el vino blanco, la nata y la infusión de azafrán.

3 Lleve a ebullición, reduzca el fuego y cueza a fuego lento durante 5 min o hasta que la salsa adquiera una consistencia fina. Añada la corteza de limón rallada y el zumo, con sal y pimienta al gusto.

4 Hierva el agua de una cacerola grande ligeramente salada. Blanquee las puntas de los espárragos, sáquelos y añádalos a la salsa. Después cueza los guisantes y los espárragos en rodajas en el agua hirviendo hasta que estén tiernos. Saque y añada a la salsa.

5 Cueza los fideos en el mismo agua hasta que estén tiernos, siguiendo las instrucciones del paquete. Escurra, pongalos en una sartén ancha y eche la salsa por encima.

6 Mezcle los fideos con la salsa y las verduras, añadiendo el perifollo y más sal y pimienta, si es necesario. Finalmente, espolvoree con el queso Parmesano rallado, si se quiere utilizar y sirva.

CONSEJOS: Para este plato puede usar guisantes frescos o congelados.

39

Laksa de marisco

Para una ocasión especial, sirva este plato de fideos de arroz cremoso en una sopa con sabor a coco picante, coronada con marisco.

4 personas

INGREDIENTES

4 chiles rojos sin pepitas y cortados
1 cebolla, picada
1 trozo de *blachan,* del tamaño de 1 cubo de caldo
1 tallo de hierba de limón, picado
1 trozo pequeño de raíz de jengibre fresco, sin pepitas y picado
6 nueces de macadamia o almendras
4 cucharadas de aceite vegetal
1 cucharada de cúrcuma molida
1 cucharada de páprika
2 tazas de caldo o agua
2 ½ tazas de leche de coco
salsa de pescado tailandesa (*nam pla*), para sazonar
12 langostinos, pelados y sin venas
8 vieiras
225 g/8 oz de calamar limpio, en anillas
350 g/12 oz de vermicelli de arroz o fideos de arroz, en remojo en agua templada hasta que se ablanden y escurridos
sal y pimienta negra recién molida
hojas de lima para adornar

PARA ADORNAR

¼ pepino, cortado en bastoncitos
2 chiles rojos, sin pepitas y cortados en láminas finas
2 cucharadas de hojas de menta frescas
2 cucharadas de cebollas o chalotas fritas

1 En una trituradora o robot de cocina, mezcle los chiles, la cebolla, el beicon, el *blachan,* la hierba de limón, el jengibre y las nueces hasta que se obtenga una consistencia de textura fina.

2 Caliente 3 cucharadas de aceite en una cacerola grande. Añada la pasta de chile y fría 6 min. Eche las especias y fría 2 min más.

3 Añada el caldo o agua y la leche de coco a la cacerola. Lleve a ebullición, reduzca el fuego y cueza a fuego lento durante 15-20 min. Sazone al gusto con la salsa de pescado.

4 Sazone el marisco con sal y pimienta. Caliente el aceite restante en una sartén, añada el marisco y fría rápidamente durante 2-3 min hasta que esté hecho.

> CONSEJOS: El *blachan* es una pasta de camarones secos de sabor fuerte. Se vende en bloques pequeños y lo encontrará en supermercados orientales.

5 Añada los fideos a la sopa y caliente bien. Reparta en cuencos de servir individuales. Ponga el marisco frito por encima, después adorne con el pepino, los chiles, las hojas de menta fresca y las chalotas o cebollas fritas. Sirva con las hojas de lima.

41

Sopa de fideos *Chiang Mai*

Llamada así por la ciudad tailandesa de Chiang Mai, esta deliciosa sopa de fideos tiene origen birmano y es el equivalente tailandés del *laksa* malayo.

4-6 personas

INGREDIENTES
2 ½ tazas de leche de coco
2 cucharadas de pasta roja de curry, ya preparada
1 cucharadita de cúrcuma molida
450 g/1 lb de muslo de pollo, sin hueso y cortado en trozos regulares
2 ½ tazas de caldo de pollo
4 cucharadas de salsa de pescado tailandesa (*nam pla*)
1 cucharada de salsa de soja oscura
el zumo de ½ lima
450 g/1 lb de fideos de huevo frescos, blanqueados generalmente en agua hirviendo
sal y pimienta negra recién molida

PARA ADORNAR
3 cebolletas, picadas
4 chiles rojos, picados
4 chalotas, picadas
4 cucharadas de hojas de mostaza en vinagre partidas en láminas, escurridas
2 cdas. de ajo en láminas frito
hojas de cilantro fresco
4 nidos de fideos fritos (opcional)

1 Ponga aproximadamente ⅓ de la leche de coco en una cacerola grande y lleve a ebullición despacio, removiendo frecuentemente con una cuchara de madera hasta que se separe.

2 Añada la pasta de curry y la cúrcuma molida, remueva para que se mezcle bien y cueza hasta que empiece a oler.

3 Añada el pollo y rehogue 2 min, asegurándose que todos los muslos estén cubiertos completamente por la pasta.

4 Añada el resto de leche de coco, el caldo de pollo, la salsa de pescado y la soja. Sazone con sal y pimienta al gusto. Cueza a fuego lento durante 7-10 min. Aparte del fuego y eche el zumo de lima.

5 Recaliente los fideos en agua hirviendo, escurra y reparta en cuencos individuales. Reparta el pollo entre los cuencos y eche cucharones de caldo caliente. Sirva con un poco de cada uno de los adornos por encima.

CONSEJOS: Las hojas de mostaza en vinagre se pueden encontrar en la mayoría de supermercados orientales.

Sopa de fideos con pargo, tomates y tamarindo

El tamarindo da un sabor amargo a esta ligera y olorosa sopa.

4 personas

INGREDIENTES
8 tazas de agua
1 kg de pargo rojo u otro pescado rojo
    como el salmonete
1 cebolla, en rodajas
50 g/2 oz de vainas de tamarindo
1 cucharada de salsa de pescado tailandesa
    (*nam pla*)
1 cda. de azúcar
2 cucharadas de aceite vegetal
2 dientes de ajo, picados finos
2 tallos de hierba de limón, picados muy finos
4 tomates maduros, picados
2 cucharadas de pasta de judías amarillas
225 g/8 oz de vermicelli de arroz, remojados
    en agua templada hasta que se ablanden
½ taza de brotes de soja
8-10 ramitas de albahaca o menta fresca
¼ de taza de cacahuetes asados molidos
sal y pimienta negra recién molida

1 Lleve el agua a ebullición en una
cacerola grande. Baje el fuego y añada el
pescado entero y la cebolla en rodajas, con
½ cucharadita de la sal. Cueza a fuego
lento hasta que el pescado esté cocido.

2 Saque el pescado del caldo y reserve.
Añada el tamarindo, la salsa de pescado y el
azúcar al caldo. Cueza durante 5 min,
después cuele el caldo en una jarra o
cuenco grande.

3 Cuando el pescado esté lo bastante frío
para cogerlo con las manos, quite con
cuidado todas las espinas, manteniendo la
carne en trozos grandes.

4 Caliente el aceite en una sartén grande.
Añada el ajo y la hierba de limón y fría
durante unos segundos. Eche los tomates y

la pasta de judías amarillas, sin dejar de
remover. Fría despacio durante 5-7 min
hasta que los tomates estén blandos.

5 Añada el caldo, vuelva a cocer a fuego
lento y compruebe el sazonado.

6 Escurra los fideos vermicelli. Sumérjalos
en una cacerola de agua hirviendo durante
unos minutos, después escúrralos otra vez,
y repártalos en cuencos de servir
individuales.

7 Añada los brotes de soja, el pescado y las hojas de albahaca o menta. Espolvoree con los cacahuetes molidos. Eche encima de cada cuenco el caldo caliente y sirva.

CONSEJOS: Estas vainas son las cáscaras de las semillas de un árbol tropical. Cómprelas en almacenes orientales.

Sopa de pollo y fideos

Un caldo con buen sabor es vital para el éxito de esta saludable sopa, que utiliza fideos integrales y que se disfruta por todo Japón.

4 personas

INGREDIENTES

225 g/8 oz de pechugas de pollo, sin piel ni huesos
½ taza de salsa de soja
1 cucharada de sake
4 tazas de caldo de pollo
2 piezas de puerro tiernos
175 g/6 oz de hojas de espinacas
300 g /11 oz de fideos integrales o soba
semillas de sésamo tostadas, para adornar

1 Corte el pollo diagonalmente en trozos. Mezcle la salsa de soja y el sake en una cacerola y cueza a fuego lento. Añada el pollo y cueza despacio durante 3 min hasta que esté tierno. Reserve caliente.

2 Lleve el caldo a ebullición en otra cacerola. Corte el puerro en rodajas de 2,5 cm, después añádalos al caldo y cueza durante 3 min. Añada las espinacas. Aparte del fuego pero mantenga caliente.

3 Cueza los fideos en una cacerola grande con agua hirviendo hasta el momento que estén tiernos, siguiendo las instrucciones del paquete.

4 Escurra los fideos y repártalos en platos de servir individuales. Vierta el caldo caliente en los platos, después añada una ración de pollo en cada uno. Sirva inmediatamente, rociado con las semillas de sésamo.

Cazuela de udon

Rebosante de sabor, esta sopa sería un delicado entrante o una ligera comida.

4 personas

INGREDIENTES
350 g/12 oz de fideos udon secos
1 zanahoria grande, cortada en trozos regulares
225 g/8 oz de pechuga de pollo o muslos,
    cortada en trozos regulares
8 langostinos crudos, pelados y sin venas
4-6 hojas de col china, cortada en láminas
    pequeñas
8 setas *shiitake*, sin los troncos
½ taza de vainas de guisantes, sin los
    extremos
6 ¼ tazas de caldo de pollo o caldo de bonito
    instantáneo
2 cucharadas de *mirin*
salsa de soja, para sazonar
un manojo de cebolletas, picadas finas
2 cucharadas de raíz de jengibre fresca rallada
limón en cuñas y salsa de soja extra, para servir

1 Cueza los fideos justo hasta que estén tiernos, siguiendo las instrucciones del paquete. Escurra, lave bajo el grifo de agua fría y escurra otra vez. Escalde las zanahorias en agua hirviendo 1 min, y escurra.

2 Pase con una cuchara los fideos y la zanahoria a una cacerola grande o una cazuela resistente al fuego. Coloque el pollo, los langostinos y las verduras por encima.

3 Lleve el caldo a ebullición en una cacerola grande. Añada el *mirin* y la salsa de soja. Vierta por encima los fideos, tape, lleve a ebullición a fuego medio, después cueza a fuego lento 5-6 min, hasta que todos los ingredientes estén cocidos. Sirva con el cebollino picado, el jengibre rallado, las cuñas de limón y un chorrito de salsa de soja por encima.

Sopa de fideos con ternera de Hanoi

Millones de vietnamitas del Norte toman esta aromática sopa para desayunar.

4-6 personas

INGREDIENTES
1 cebolla
1,3-1,6 kg/3-3 ½ lb de pierna de ternera
un trozo de 2,5 cm/1 in de raíz de jengibre
   fresco
1 anís estrellado
1 hoja de laurel
2 clavos
½ cucharadita de semillas de hinojo
un trozo de corteza de casia o
   1 palito de canela
13 tazas de agua
salsa de pescado tailandesa (*nam pla*),
   para sazonar
el zumo de 1 lima
150 g/4 oz de filete de lomo
450 g/1 lb de fideos de arroz planos frescos
sal y pimienta negra recién molida

PARA ACOMPAÑAR
1 cebolla roja pequeña, cortada en anillas
½ taza de brotes de soja
2 chiles rojos, sin pepitas y cortados en
   láminas
2 cebolletas cortadas en rodajas finas
un puñado de hojas de cilantro fresco
rodajas de lima

1 Precaliente el grill a fuego fuerte.
Corte la cebolla por la mitad. Ase al grill
a fuego fuerte, con el corte hacia arriba,
hasta que la parte de arriba se caramelice
y coja un color marrón oscuro. Reserve.

2 Corte la pierna de ternera en trozos
grandes y póngalos con los huesos en una
cacerola. Añada la cebolla caramelizada,
con el jengibre, el anís estrellado, la hoja de
laurel, los clavos, las semillas de hinojo y la
corteza de casia o el palito de canela.

3 Añada el agua; cuando rompa a hervir,
baje el fuego y cueza a fuego lento 2-3 h,
quitando la grasa de vez en cuando.

4 Con una espumadera, saque la carne del
caldo; cuando esté lo bastante frío como para
cogerlo con las manos, córtelo en trozos
pequeños, quitando los huesos. Cuele el
caldo y vuelva a ponerlo en la cacerola con la
carne. Lleve a ebullición otra vez y sazone
con la salsa de pescado y zumo de lima.

5 Corte el filete de lomo en láminas muy finas y enfríe en la nevera hasta que lo necesite. Coloque los ingredientes para acompañar en cuencos por separado. Cueza los fideos en una cacerola grande justo hasta que estén tiernos, siguiendo las instrucciones del paquete, después escurra.

6 Reparta los fideos en platos de servir individuales. Coloque las láminas finas de filete de lomo por encima y vierta por encima el caldo. Sirva con los ingredientes para acompañar por separado, de forma que cada persona pueda adornar su sopa como quiera.

Sopa de aleta de tiburón falsa

En China la sopa de aleta de tiburón es una reconocida exquisitez. En esta especie de versión vegetariana, los fideos de celofán, cortados en trozos pequeños, imitan a fideos de aleta de tiburón.

4-6 personas

INGREDIENTES
4 setas chinas secas
1 ½ cucharada de orejas de Judas secas
115 g/4 oz de fideos de celofán
2 cucharadas de aceite vegetal
2 zanahorias, cortadas en tiras finas
115 g/4 oz de brotes de bambú en lata, lavados, escurridos y cortados en tiras finas
4 tazas de caldo vegetal ligero
1 cucharada de salsa de soja
1 cucharada de arruruz o fécula de patata
2 cucharadas de agua
1 clara de huevo, batido (opcional)
1 cucharadita de aceite de sésamo
sal y pimienta negra recién molida
2 cebolletas, picadas finas para adornar
vinagre rojo chino, para servir (opcional)

1 Ponga en remojo las setas chinas y orejas de Judas por separado en agua templada 20 min. Escurra bien.

2 Elimine los troncos de las setas y corte en láminas finas los sombreros. Corte las orejas de Judas en tiras finas, quitando cualquier pedazo duro.

3 Ponga en remojo los fideos en agua caliente hasta que estén blandos. Escurra y corte en trozos pequeños. Deje aparte hasta que hagan falta.

4 Caliente el aceite en una cacerola grande. Eche las setas chinas y rehogue 2 min. Añada las orejas de Judas, rehogue

2 min, después añada las zanahorias, los brotes de bambú y los fideos sin dejar de remover.

5 Añada el caldo vegetal a la cacerola. Hierva y luego reduzca el fuego y cueza 15-20 min. Sazone con salsa de soja, sal y pimienta negra recién molida.

6 Mezcle el arruruz o fécula de patata con un poco de agua. Vierta sobre la sopa, removiendo para evitar grumos, mientras que la sopa siga cociendo a fuego lento.

CONSEJOS: Las orejas de Judas son unas famosas setas chinas.

7 Aparte la cacerola del fuego. Eche la clara de huevo, si se usa, removiendo continuamente, de forma que el huevo forme pequeñas hebras en la sopa caliente. Eche el aceite de sésamo, sin dejar de remover, después eche la sopa en platos individuales. Espolvoree cada ración con cebolleta picada y sirva el vinagre rojo chino aparte, si se quiere utilizar.

Fideos sichuan con salsa de sésamo

Estos fideos, mezclados con una salsa caliente, dulce y amarga, se sirven con un cuenco de verduras crujientes y frescas.

3-4 personas

INGREDIENTES

450 g/1 lb de fideos frescos o 225 g/8 oz secos
½ pepino, cortado en tiras a lo largo,
   sin pepitas y cortado en dados
4-6 cebolletas
1 manojo de rábanos de aprox. 115 g/4 oz
225 g/8 oz de rábanos pelados
½ taza de brotes de soja, (se lavan, después se
   dejan en agua helada y se escurren)
4 cucharadas de aceite de cacahuete o de
   sésamo
2 dientes de ajo, machacados
3 cucharadas de pasta de sésamo tostado
1 cucharada de aceite de sésamo
1 cucharada de salsa de soja ligera
1-2 cucharaditas de salsa de chile, para sazonar
1 cucharada de vinagre de arroz
½ taza de caldo vegetal o agua
1 cucharadita de azúcar
sal y pimienta negra recién molida
cacahuetes tostados o anacardos
   para decorar

1 Si se usan fideos frescos, cuézalos en agua hirviendo durante 1 min, después escurra bien. Lave en agua fría y escurra otra vez. Si se usan fideos secos, cuézalos siguiendo las instrucciones del paquete, escurriéndolos y lavándolos como los fideos frescos.

2 Espolvoree los pepinos con sal, déjelos 15 min, enjuague bien, después escurra y seque a golpecitos con papel de cocina. Colóquelo en una ensaladera grande.

3 Corte las cebolletas en juliana. Corte los rábanos en mitades y después córtelos en rodajas finas. Ralle los rábanos gruesamente usando un rallador o un robot de cocina. Añada todas las verduras al pepino en dados y mézclelo suavemente.

CONSEJOS: La pasta de sésamo china se vende en tiendas de comida oriental.

4 Caliente la mitad del aceite en un wok o sartén y rehogue los fideos durante 1 min. Usando una espumadera, pase los fideos en una ensaladera grande y manténgalos calientes.

5 Añada el aceite restante al wok. Cuando esté caliente, fría el ajo para dar sabor al aceite. Retírelo del calor.

6 Añada, sin dejar de remover, la pasta de sésamo, el aceite de sésamo, la salsa de chile y soja, el vinagre y el caldo. Añada un poquito de azúcar y sazone al gusto. Caliente bien a fuego suave. No lo caliente demasiado o la salsa quedará demasiado espesa. Vuelque los fideos y remuévalo bien. Decore con los cacahuetes o anacardos. Sírvalo junto con las verduras.

Fideos tostados con verduras

Las tortas de fideos ligeramente crujientes con verduras son un plato estupendo.

4 personas

INGREDIENTES
175 g/6 oz de fideos vermicelli de huevo
1 cucharada de aceite vegetal
2 dientes de ajo, picados finos
1 taza de mazorcas de maíz *baby*
1 taza de setas *shiitake* frescas partidas por la
  mitad
3 ramas de apio en rodajas
1 zanahoria cortada diagonalmente en rodajas
1 taza de guisantes con vaina
¾ de taza de brotes de bambú de lata,
  cortados en rodajas y escurridos
1 cucharada de harina de maíz, de agua fría y
  otra de salsa de soja oscura
1 cucharadita de azúcar extrafina
1 ¼ taza de caldo de verduras
sal y pimienta blanca recién molida
aros de cebolla, para adornar

1 Lleve a ebullición una cacerola de agua.
Añada los vermicelli y cuézalos justo hasta
que estén tiernos, siguiendo las
instrucciones del paquete. Escúrralos,
refrésquelos en agua fría, escúrralos de
nuevo y después séquelos a fondo en papel
de cocina.

2 Caliente ½ cucharadita de aceite en un
wok antiadherente o sartén. Cuando esté
muy caliente, extienda la mitad de los
fideos sobre la base, fríalos durante 2-3 min
hasta que estén ligeramente tostados.

3 Con cuidado, dé la vuelta a los fideos
(deberán quedarse juntos como una torta),
fría el otro lado, después póngalos en un
plato de servir caliente. Repita el proceso
con los fideos restantes para hacer 2 tortas.
Manténgalos calientes.

4 Caliente el aceite restante en la sartén o
wok, fría el ajo durante unos segundos.
Corte las mazorcas de maíz a lo largo y
añádalas a la sartén junto con las setas,
rehóguelo durante 3 min añadiendo un
poco de agua si es necesario para evitar
que se seque.

5 Añada el apio, la zanahoria, los guisantes y los brotes de bambú y rehóguelo durante 2 min o hasta que las verduras estén crujientes pero tiernas.

6 Mezcle la harina de maíz con el agua y haga una pasta fina. Añádalo a la sartén con la salsa de soja, el azúcar y el caldo. Cuézalo, removiéndolo, hasta que la salsa espese. Sazónelo con sal y pimienta blanca.

7 Coloque la mezcla de verduras encima de las tortas de fideos, adórnelo con los aros de cebolleta y sírvalo inmediatamente. Cada torta de fideos es para dos personas.

VARIACIÓN: También se pueden usar otras verduras. Quedará bien con brécol, brotes de soja y pimientos.

Fideos fritos vegetarianos

No se preocupe de que este sabroso plato vegetariano sea bajo en proteínas,
ya que incluye tofú y está adornado con tiras de tortilla de huevos.

4 personas

INGREDIENTES

2 huevos
1 cucharadita de chile en polvo
1 cucharadita de cúrcuma molida
4 cucharadas de aceite vegetal
1 cebolla grande en láminas finas
2 chiles rojos, sin pepitas y en rodajas finas
1 cucharada de salsa de soja
2 patatas grandes cocidas, en dados pequeños
6 trozos de tofú frito, en láminas
1 taza de brotes de soja
¾ taza de judías verdes, escaldadas
350 g/12 oz de fideos de huevo gruesos
sal y pimienta negra recién molida
cebolletas en rodajas para adornar

1 Bata los huevos ligeramente y cuélelos
en un cuenco. Caliente un wok o una
sartén ligeramente engrasada para hacer
tortillas. Vierta la mitad del huevo,
cubriendo apenas la base de la sartén.
Cuando el huevo cuaje, dé la vuelta a la
tortilla y fría un poco el otro lado.

2 Deslice la tortilla en un plato, seque con
papel de cocina, enrolle y corte en tiras
estrechas. Haga una segunda tortilla y
córtela también en tiras. Prepare las tiras de
tortilla para el adorno.

3 En una taza, mezcle el polvo de chile y
la cúrcuma. Forme una pasta, añadiendo,
sin dejar de remover, un poco de agua.

4 Caliente el aceite en un wok o una
sartén. Fría la cebolla hasta que esté tierna.
Baje el fuego y añada a la pasta de chile, los
chiles y la salsa de soja. Fría 2-3 min.

5 Añada las patatas y fría durante 2 min,
mezclando bien con los chiles. Añada el
tofú, después los brotes de soja, las judías
verdes y los fideos.

CONSEJOS: Tenga siempre
cuidado cuando coja chiles con
las manos. Mantenga las manos lejos
de los ojos y láveselas muy bien antes
de hacer nada más.

6 Con cuidado, rehogue hasta que los fideos estén bien impregnados y bien calientes. Tenga cuidado de que no se rompan las patatas y el tofú. Sazone con sal y pimienta. Sirva caliente, adornado con las tiras de tortilla y las rodajas de cebolleta.

Mee goreng indio

Un verdadero plato de fideos vegetariano internacional que combina ingredientes chinos, indios y occidentales.

4–6 personas

INGREDIENTES

450 g/1 lb de fideos de huevo frescos
115 g/4 oz tofú frito o 150 g/4 oz de tofú duro
4–6 cucharadas de aceite vegetal
2 huevos
2 cucharadas de agua
1 cebolla cortada en láminas
1 diente de ajo, machacado
1 cucharada de salsa de soja ligera
2–3 cucharadas de tomate ketchup
1 cucharada de salsa de chile
1 patata grande cocida, cortada en dados
4 cebolletas, picadas
1–2 chiles verdes, sin pepitas y cortados en rodajas finas (opcional)

2 Si usa tofú frito, corte cada cubo por la mitad, refrésquelo en un cazo de agua hirviendo, después escurra bien. Si se usa tofú duro, córtelo en cubos. Caliente 2 cucharadas de aceite en una sartén grande y fría hasta que se doren, después retírelos y resérvelos.

3 En un cuenco, bata los huevos con el agua y sazone. Añada al aceite de la sartén y fría sin remover hasta que se cuaje. Dé la vuelta a la tortilla y fríala por el otro lado, después deslícela fuera de la sartén, enróllela y córtela en tiras finas.

1 Lleve a ebullición una cacerola grande con agua, añada los fideos de huevo frescos y cuézalos durante 2 min. Escurra y enjuague inmediatamente los fideos bajo el grifo de agua fría para detener la cocción. Escurra otra vez y reserve.

4 Caliente el aceite restante en un wok y fría la cebolla y el ajo durante 2–3 min. Añada los fideos, la salsa de soja, el ketchup y la salsa de chile. Mézclelo bien a fuego lento durante 2 min.

5 Añada la patata cortada en dados. Reserve unos pocos trozos de cebolleta para adornar y añada el resto mientras lo remueve con los fideos, el tofú y el chile, si se usa.

6 Cuando esté caliente, añada las tiras de tortilla sin dejar de remover. Sirva en una fuente caliente, adornada con los trozos de cebolleta.

CONSEJOS: El tofú está hecho de alubias de soja. Está disponible de diversas formas, incluyendo entre otros suave, duro, sedoso, al grill, seco y frito.

Ensalada tailandesa de fideos

La suma de la leche de coco y el aceite de sésamo da un sabor a nuez poco común al aliño de esta ensalada llena de color.

4-6 personas

INGREDIENTES

350 g/12 oz de fideos somen
1 zanahoria grande, cortada en rodajas finas
un manojo de espárragos, limpios y cortados
   en trozos de 4 cm/1 ½ in de largo
1 pimiento rojo, sin pepitas y cortado en
   rodajas finas
115 g/4 oz de vainas de guisantes, sin los
   extremos, peladas y partidas por la mitad
115 g/4 oz de mazorcas de maíz, cortadas
   longitudinalmente por la mitad
½ taza de brotes de soja
115 g/4 oz de castañas de agua en bote,
   escurridas y partidas en láminas finas.
1 lima cortada en rodajas, ½ taza de
   cacahuetes tostados y picados y hojas
   de cilantro frescas para adornar.

PARA EL ALIÑO

3 cucharadas de albahaca fresca troceada
5 cucharadas de menta fresca picada
1 taza de leche de coco
2 cucharadas de aceite de sésamo oscuro
1 cucharada de raíz de jengibre recién rallada
2 dientes de ajo picados finos
el zumo de 1 lima
2 cebolletas, picadas finas
sal y pimienta de cayena

> VARIACIÓN: Una tortilla picada o rodajas de huevos duros son otra guarnición para esta ensalada.

1 Para hacer el aliño, junte la albahaca, la menta, la leche de coco, el aceite de sésamo, el jengibre, el ajo, el zumo de lima y las cebolletas en un cuenco y mezcle bien. Sazone al gusto con sal y cayena.

2 Cueza los fideos en una cacerola de agua hirviendo justo hasta que se pongan tiernos, siguiendo las instrucciones del paquete. Escurra, lave bajo el grifo de agua fría y escurra otra vez.

3 Cueza todas las verduras por separado en una cacerola con agua hirviendo ligeramente salada hasta que estén tiernas pero crujientes. Alternativamente se puede cocer las verduras ligeramente al vapor en tandas. Séquelas, sumérjalas inmediatamente en agua fría y escurra otra vez.

4 Remueva los fideos, las verduras y el aliño todo junto para que se mezclen bien. Coloque en platos de servir individuales y adorne con las rodajas de lima, los cacahuetes y las hojas de cilantro.

Thamin Lethok

Este atractivo plato de fideos, arroz y verduras es la manera birmana de aprovechar los restos. Además es un plato de mucho éxito.

6 personas

INGREDIENTES
1 taza de arroz de grano largo
1-2 chiles rojos, sin pepitas y picados
1 cebolla pequeña, picada
1 cucharada de aceite vegetal
350 g/12 oz de patatas en dados (opcional)
115 g/4 oz de fideos de huevo puestos en remojo en agua fría que los cubra durante 30 min.
115 g/4 oz de fideos de arroz puestos en remojo en agua fría que los cubra durante al menos 10 min
50 g/2 oz de fideos celofán (o aumente la cantidad de uno de los tipos de fideos anteriores)
225 g/8 oz de hojas de espinacas
¾ taza de brotes de soja
1 ½ cucharadas de pulpa de tamarindo o tamarindo concentrado, remojado en 1 taza de agua templada, o 6 cuñas de limón.
sal

PARA ACOMPAÑAR
1 cebolla muy pequeña, en láminas finas
3 cebolletas, picadas finas
1 cebolla, en rodajas, y muy frita, hasta que esté crujiente
50 g/2 oz de fideos celofán fritos hasta que estén crujientes
3 cucharadas de garbanzos tostados y machacados (opcional)
3 chiles secos, a la plancha y machacados
hojas de cilantro fresco (opcional)

1 Ponga una cacerola grande con agua a cocer, añada el arroz y cueza 12-15 min. Escurra, póngalo en un cuenco y aparte.

2 En un mortero, machaque los chiles frescos con la cebolla. Caliente el aceite en una sartén pequeña, añada la mezcla y fría 2-3 min. Eche, removiendo, el arroz cocido y deje enfriar.

3 Cueza las patatas, si se van a usar, en agua salada hirviendo hasta que estén tiernas. Lave los fideos y cuézalos por separado en cacerolas con agua salada hirviendo hasta que estén tiernos, siguiendo las instrucciones del paquete. Escurra, refresque y seque.

4 Ponga las espinacas en una cacerola grande con sólo el agua que se pegue a las hojas después de lavarlas. Tape y cueza 2 min hasta que empiecen a marchitarse. Escurra bien. Cueza los brotes de soja. Aparte las dos verduras para que se enfríen.

5 Coloque el arroz aromatizado, los dados de patata, los fideos, las espinacas y los brotes de soja en una fuente de servir.

6 Saque los acompañamientos preparados. Ponga el tamarindo, si se usa, en una jarrita, o las cuñas de limón en un plato. Coja los ingredientes principales al gusto, añada algún acompañamiento y eche un poco de tamarindo o exprima un poco de limón.

Notas

Para las recetas, las cantidades se expresan utilizando el Sistema Métrico Decimal y el Sistema Británico, aunque también pueden aparecer en tazas y cucharadas estándar. Siga uno de los sistemas, tratando de no mezclarlos, ya que no se pueden intercambiar.

Las medidas estándar de una taza y una cucharada son las siguientes:

1 cucharada = 15 ml

1 cucharadita = 5 ml

1 taza = 250 ml/8 fl oz

Utilice huevos medianos a menos que se especifique otro tamaño en la receta.

Abreviaturas empleadas:

kg = kilogramo

g = gramo

lb = libra

oz = onza

in = pulgada

l = litro

ml = mililitro

fl oz = onza (volumen)

h = hora

min = minuto

s = segundo

cm = centímetro

Copyright © Annes Publishing Limited, U.K. 2000

Copyright © Spanish translation, EDIMAT LIBROS, S. A, Spain, 2002
C/ Primavera, 35
Polígono Industrial El Malvar
28500 Arganda del Rey
MADRID-ESPAÑA

ISBN: edición tapa dura 84-9764-039-X - edición rústica 84-9764-079-9
Depósito legal: edición tapa dura M-31395-2002 - edición rústica M-31435-2002
Impreso en: COFÁS

Reservados todos los derechos. El contenido de esta obra está protegido por la Ley, que establece penas de prisión y/o multas, además de las correspondientes indemnizaciones por daños y perjuicios, para quienes reprodujeren, plagiaren, distribuyeren o comunicaren públicamente, en todo o en parte, una obra literaria, artística o científica, o su transformación, interpretación o ejecución artística fijada en cualquier tipo de soporte o comunicada a través de cualquier medio, sin la preceptiva autorización.

Traducido por: Perfect Lingua (Inmaculada Aranda)

Fotografía: Karl Adamson, Edward Allwright,
James Duncan, Ian Garlick, Michelle Garrett,
Amanda Heywood, Janine Hosegood, David Jordan,
Don Last, William Lingwood, Patrick McLeavey,
Michael Michaels.

IMPRESO EN ESPAÑA – *PRINTED IN SPAIN*